AF497907

Th. LEURIDAN

LES THÉOLOGIENS DE DOUAI

VII

GEORGES COLVENEERE

Extrait de la *Revue des Sciences ecclésiastiques*

LILLE
H. MOREL, IMPRIMEUR-ÉDITEUR
77, RUE NATIONALE, 77

1898

LES THÉOLOGIENS DE DOUAI [1]

VII

GEORGES COLVENEERE.

I. — *Nom patronymique, naissance et première éducation de Colveneere.*

Le nom de Colveneere a été orthographié de plusieurs manières différentes. Comme la plupart des écrivains et des professeurs du XVIe siècle, dit Mgr Dehaisnes (2), le chancelier de l'Université de Douai avait latinisé son nom ; c'était l'époque où, sous *Franciscus ab Atrio*, il fallait retrouver François Delattre, sous *Balthazar Textor*, l'audomarois Balthazar Letellier, et sous *Joannes Rubus*, le professeur de Douai, Jean Dubuissson ; où le hollandais de Boodt se cachait sous le nom de *Boetius*, où le flamand de Witte se voilait sous celui d'*Albius*, et où Corneille Van den Steen se déguisait sous la déno-

(1) Voir les notices : I. Mathieu Galenus, par M. l'abbé Bouquillon (*Revue des Sciences ecclésiastiques*, 1879, t. II, p. 235). — II. Mathias Bossemius, par le même (*Ibidem*, 1880, t. II, p. 238). — III. François Sylvius, par M. l'abbé Th. Leuridan (*Ibidem*, 1894, t. II, p. 193 et 289). — IV. François Richardot, par le même (*Ibidem*, 1895, t. I, p. 59, 301, 434). — V. Guillaume Estius, par le même (*Ibidem*, 1895, t. II, p. 120, 326, 481). — VI. Thomas Stapleton, par le même (*Ibidem*, 1896, t. I, p. 331 ; 1898, t. I, p. 193, 327).

(2) *Le testament de Georges Colveneere, chancelier de l'Université de Douai*, dans les *Mémoires de la Société d'agriculture, de sciences et d'art séant à Douai*, 2e série, t. VII, 1864.

mination de *Cornelius a Lapide*. Sans doute, on retrouve plus aisément dans *Colvenerius* le nom de COLVENEERE ; mais il n'était pas facile de déterminer exactement la véritable orthographe de ce nom, qui d'ailleurs appartient à la langue flamande.

Les auteurs de l'*Histoire littéraire de la France* ont traduit *Colvenerius* par *Couvenier* (1) ; Ducange, qui nous fait connaître que l'on a écrit *Kalvener*, écrit lui-même *Colveneer ;* Foppens offre de même *Colveneer,* mais, en reproduisant l'épitaphe du savant professeur, il donne *Colvener ;* la *Biographie universelle* de Michaud et celle de Didot écrivent *Colvener ;* M. Leglay se prononce pour *Colvener* (2). Le savant archiviste de Douai, M. Guilmot, a écrit tantôt *Colvenaire,* tantôt *Colvener,* et ailleurs *Van Colvener ;* les pièces reposant aux archives lui avaient offert ces différentes manières d'orthographier ce nom. M. Duthillœul s'exprime ainsi : « Plusieurs signatures françaises de cet écrivain, que nous avons sous les yeux, nous ont convaincu que la véritable orthographe est *Colvenère* (3) ». Mais où se trouvent ces signatures ? M. Duthillœul ne nous le dit pas. Ce n'est pas dans les archives de la ville ; M. Guilmot n'y a rencontré que des signatures en latin. Ce n'est pas non plus sur les manuscrits de la bibliothèque publique ; nous les avons feuilletés sans y rencontrer cette terminaison *ère,* qui d'ailleurs ne peut être une terminaison de langue flamande. Nos recherches nous ont fait trouver sur l'un de ces manuscrits (4) le

---

(1) Tome VIII, p. 406.

(2) *Archives historiques et littéraires du Nord de la France,* t. **IV,** p. 61. — *Mémoire sur les bibliothèques publiques et les principales bibliothèques particulières du département du Nord,* p. 100, n° **864.**

(3) *Galerie des hommes remarquables de la ville de Douai.*

(4) Num. 475. — « Et haec ante licenciam meam scripsi ego Georgius Colvenere, susceptam die 23 novembris 1593. »

mot Colveneere écrit de la main même du chancelier de l'Université de Douai. D'un autre côté, sur deux éditions différentes du *Bonum universale de apibus* données à Douai, chez Balthazar Bellère, en 1597 et en 1627, nous avons lu dans la préface *Georgius* Colveneere, et la même manière d'écrire se rencontre fréquemment sous l'approbation placée en tête des ouvrages imprimés à Douai.

La véritable orthographe de ce nom est donc Colveneere.

Georges Colveneere naquit le 21 mai, jour de la Pentecôte 1564, à Gempe, hameau dépendant de la paroisse de Winghe, non loin de Louvain. Il fut baptisé le lendemain, dans l'église de cette paroisse, dédiée à saint Georges. Son père, originaire du bourg de Leefdael, s'appelait Hubert ; sa mère était Catherine Van Oppem (1). L'un de ses oncles, Théodore de Hamère, licencié en l'un et l'autre droit, était conseiller pensionnaire de la ville d'Alost.

Ce fut sans doute la raison qui décida ses parents à l'envoyer, dès l'âge de neuf ans, en cette ville, qui possédait d'excellentes écoles, pour y apprendre les premiers éléments des connaissances humaines, et même pour y faire ses humanités. Colveneere y demeura, en effet, dix années ; il y eût probablement complété ses études, sans l'événement qu'il nous raconte lui-même, dans la dédicace de son *Kalendarium*.

Le 23 avril 1582, la ville d'Alost fut envahie par

(1) Colvenerius natus in Gempensi Brabantiae vico, parochiae S. Georgii in Winghe, ad secundum a Lovanio lapidem, qua Diestenium iter est, parentibus honestis et catholicis, Huberto Colveneer, orto ex pago et baronatu de Leefdael, et Catharina Van Oppem, anno 1564, die XXI maii, quae erat Dominica Pentecostes, altero inde die primus a fonte consecrato ibidem baptizatus fuit. (Foppens, *Bibliotheca Belgica*, t. I, p. 336.)

les hérétiques en rébellion contre Sa Majesté catholique. Le conseiller pensionnaire, Théodore de Hamère, et son neveu, Georges COLVENEERE lui-même, se distinguèrent particulièrement par leur courage et leur ardeur à défendre la ville et la foi catholique. Théodore de Hamère paya de sa vie son dévouement à cette noble cause ; COLVENEERE n'échappa que providentiellement. Il reçut plusieurs blessures, jugées mortelles par les chirurgiens ; mais, contre toute prévision, il en guérit en deux mois (1). Dieu lui réservait une longue et fructueuse carrière.

A cette époque, COLVENEERE n'avait pas encore trouvé sa voie, car, à peine remis de ses blessures, il alla prendre du service dans l'armée royale qui assiégeait Audenarde. Après la prise de cette ville, il abandonna définitivement le métier des armes et, selon l'expression de Foppens, rentra en grâce avec Minerve (2). Il choisit, pour y faire ses études universitaires, la ville de Douai, préférablement à celle de Louvain. Quels furent les motifs qui le déterminèrent dans ce choix, nous l'ignorons.

(1) A nono aetatis anno usque ad decimum nonum in ea (urbe Alostana) educatus et humanioribus litteris institutus fui, donec anno 1582, die 23 aprilis, haereticis et regiae catholicae majestati rebellibus eamdem urbem invadentibus, coactus sum eam deserere. Die enim jam dicto, avunculo meo Theodoro de Hamere, J. U. licentiato et civitatis vestrae pensionario seu consiliario, pro catholica fide et ejusdem urbis defensione interempto, ego plurimis vulneribus in aditu fori confossus, quae ipsi chirurgi letalia judicabant, Dei tamen singulari beneficio post bimestre sanatus, ad castra regia quae Aldenardam obsidebant me contuli et militantibus me conjunxi. Ea expugnata, Duacum profectus, ibidem jam annos sex et quinquaginta transegi. (*Dédicace du* Kalendarium *au magistrat d'Alost, datée du 1er juillet 1638.*)

(2) Alosto capto, Martis castra aliquanto tempore secutus, ab expugnata, anno 1584, Aldenarda, in gratia cum Minerva rediit. (*Bibliotheca belgica,* t. I, p. 336.)

II. — *Colveneere, étudiant, professeur, recteur et chancelier de l'Université de Douai.*

COLVENEERE arriva à Douai vers la fin de 1582. Il s'inscrivit aussitôt parmi les étudiants du collège du Roi, où il fit entièrement son cours de philosophie. Il s'y distingua tellement qu'à l'expiration de sa scolarité, l'Université le jugea digne et le chargea de professer la philosophie dans ce même collège (1).

Il occupa avec succès cette chaire importante durant quatre années ; puis, résolu de se livrer tout entier à l'étude de la théologie et des sciences ecclésiastiques, il se fit admettre, non au Séminaire d'Hennin, comme le dit M. Leglay (2), mais au Séminaire du Roi (3).

La faculté de théologie de Douai, alors très florissante, comptait parmi ses membres le célèbre ESTIUS (4), Bauduin DE RYTHOVE, Barthélemy PEETERS, Jean DUBUISSON, Mathias BOSSEMIUS (5). Ce fut sous la direction de ces maîtres éminents, aussi savants que pieux, que COLVENEERE se forma aux sciences sacrées en même temps qu'aux vertus sacerdotales.

Il conquit le grade de licencié en théologie, le 23 novembre 1593 (6). et non le 23 décembre, comme

(1) Leglay, *Chronique de Baldéric*, p. 394.
(2) *Ibidem*. — Ce séminaire ne fut fondé qu'en 1606.
(3) Cursu philosophiae, in regio Duaci gymnasio, absoluto, eamdem ipse ibidem annis quatuor professus est. Hinc ut se totum theologiae rerumque ecclesiasticarum cognitioni daret, ad seminarium regium transiit. (Foppens, *Bibliotheca belgica*, t. I, p. 336.)
(4) *Les théologiens de Douai. V. Guillaume Estius*, par M. l'abbé Th. Leuridan (*Revue des Sciences ecclésiastiques*, 1895, t. II, p. 120, 326, 481.)
(5) *Les théologiens de Douai. II. Mathias Bossemius*, par M. l'abbé Bouquillon (*Ibidem*, 1880, t. II, p. 238).
(6) « Et haec ante licentiam meam scripsi ego Georgius Colveneere, susceptam die 23 novembris 1593. » (*Bibliothèque de Douai*, manuscrit 475.)

l'indique Leglay. Il fut bientôt chargé par l'Université de l'examen et de la censure des livres qui étaient soumis à l'*imprimatur* dans la ville de Douai (1); il semble avoir conservé cette fonction de *visitateur des livres* jusqu'à sa mort et tout au moins jusqu'en 1638.

Le 1ᵉʳ avril 1595, il fut nommé président des cas de conscience au Séminaire du Roi (2).

M. Leglay ajoute : « Le 1ᵉʳ avril 1595, on lui confia la direction du même Séminaire (de Hennin); enfin, en 1599, il fut proclamé docteur (3) et professeur royal en théologie. » Le dernier de ces renseignements est seul exact. Nous avons dit qu'en 1595, le Séminaire d'Hennin n'existait pas encore. COLVENEERE fut, il est vrai, nommé professeur royal de catéchèses en 1599; mais il n'était encore que licencié, ainsi que le prouvent surabondamment les titres des diverses éditions de ses ouvrages, notamment celui du *Bonum universale de apibus,* imprimé en 1605.

En 1607, n'étant encore que licencié, COLVENEERE fut choisi par ses collègues, pour remplir les fonctions de recteur de l'Université (4).

Ce n'est qu'en 1608 qu'il fut promu au doctorat en

(1) « A Georges Colvenaire, visitateur des livres parmi la ville, donné en gratis, pour ses bons devoirs, 36 livres. » (*Archives de Douai*, CC 317, fᵒ 115, *Comptes de 1598-1599.*)

(2) Donatus S. Theologiae licentia anno 1593, 9ᵒ kal. decembris ; moxque officium visitationis et censurae librorum ei ab Universitate commissum est, ac deinde praesidentiae casuum, ut vocant, conscientiae, in dicto regio seminario eidem collatae, ipsis kal. aprilis 1595. (Foppens, *Bibliotheca Belgica,* t. I, p. 336.)

(3) Foppens (*Bibliotheca Belgica,* t. I, p. 336) commet la même inexactitude : « Regiam vero et publicam catechesios professionem consecutus est anno 1599; eodem anno, doctorem theologum vidit Academia. » C'est une pure inadvertance, car il donne la date exacte de ce doctorat dans l'*Historia et series doctorum Academiae Duacensis.*

(4) Sub rectoratu eruditissimi D. Georgii Colvenerii, S. Theologiae licentiati et professoris, anno 1607, 5 octobris, admissi sunt 23 angli. (*A list of englishmen who immatriculated at the University of Douay,* fᵒ 102 et 103, dans *The first and second diaries of the english college Douay,* par Th. Knox, *Appendix,* p. 287.)

théologie par son maître Estius (1). Il reçut, en cette circonstance, des témoignages tout particuliers de l'estime du Magistrat de Douai (2) et du Magistrat de la ville d'Alost (3), sa patrie d'adoption (4).

Sur l'enseignement de Colveneere dans sa chaire de catéchèses, puis dans les deux principales chaires de la faculté, il ne nous reste que de fort rares fragments. En 1612, il commentait saint Thomas (5) ; de 1614 à 1616, il enseignait l'Écriture Sainte (6). Les notes recueillies alors par ses auditeurs suffisent à donner une haute idée de la clarté, de la vaste érudition et de la sûreté de doctrine du professeur et font vivement regretter que Colveneere, absorbé et entraîné par ses nombreux travaux d'éditeur et de critique, n'ait pu livrer ses doctes leçons à l'impression.

(1) Ab eximio Estio doctoris laurea anno 1608 donatus (Foppens, *Historia et series doctorum academiae Duacensis*).

(2) « A maitre Georges Colvenaer, docteur en la saincte Théologie, à l'acte de son doctorat, tant en respect dudict degré, que du bon office qu'il a faict par longues années comme censeur de livres, 90 florins. » (*Archives de Douai*, CC 974, f° 41, *Comptes de la ville de 1608-1609*).

(3) Duaci degens, magnis a vobis affectus sum beneficiis. Inter alia, doctoralis aulae nostrae solemnia, ab hinc annis triginta, honorifica admodum legatione cum insigni munere cohonestare dignati estis. Postmodum, singulis pene septennis, missa ad me rheda pollucibili epulo ac vino propinato cum collega excepistis. (*Dédicace du* Kalendarium *au Magistrat d'Alost, datée du 1er juillet 1638*).

(4) En mémoire de son long séjour en cette ville et de l'éducation qu'il y avait reçue, Colveneere joignait fréquemment à son nom l'épithète de *Alostensis* ou *Alostanus*.

(5) Commentarius in quaestionem nonagesimam et reliquas primae secundae partis D. Thomae Aquinatis, doctoris angelici, dictatus ab eximio domno Georgio Colvenerio, professore ordinario Duaci. — Finis huic tractatui impositus 14 aprilis anno 1612. (*Bibliothèque de Valenciennes*, manuscrit 192).

(6) Hic liber continet commentaria in nonnullos psalmos scilicet in 104 aliosque sequentes ad 150 inclusive ; — item in parva cantica seu ferialia quae leguntur in officio romano, dum fit de feria ; — item in Ecclesiasten ad 18 versum usque capitis IX. — Quae commentaria, dictante eximio magistro Georgio Colvenerio, sacrae theol. doctore ejusdemque professore, excipiebat Duaci Andreas Prevost, Cameracensis, anno Domini 1614 aliisque sequentibus, prout videre est in fine ultimi dicti commentarii. — A la fin, la date de 1616. (*Bibliothèque de Cambrai*, manuscrit 449).

Quand le charitable évêque d'Ypres, Antoine de Hennin, avait institué, en 1606, le séminaire d'Hennin ou de Saint-Sauveur, en la ville et université de Douai, dans le but d'y recevoir et faire instruire cinquante étudiants en théologie, il avait choisi COLVENEERE pour président de cette maison (1). Notre théologien conserva cette fonction jusqu'à sa mort.

La mort d'ESTIUS, arrivée en 1613, laissa vacantes les dignités de prévôt de Saint-Pierre et de Chancelier de l'Université. L'une et l'autre furent conférées à COLVENEERE qui les conserva durant trente-six années.

III. — *Ouvrages de Colveneere.*

Comme écrivain, COLVENEERE a le mérite singulier d'avoir compris, avant les Bénédictins et les érudits du XVIIe et du XVIIIe siècles, combien il est important de publier le texte des anciennes chroniques avec des variantes empruntées à des manuscrits différents, avec des notes critiques d'histoire et de philologie. Rappeler qu'il a, le premier, édité ainsi la *Chronique* de Baldéric, l'*Histoire de l'église de Reims* de Flodoard, le *De apibus* de Thomas de Cantimpré, et les *Propres* ou offices particuliers de Mons, de Chimay, de Maubeuge, de Comines, c'est dire assez qu'il a laissé des travaux très importants sur l'histoire générale et aussi sur l'histoire particulière de nos contrées. D'un autre côté, son édition des œuvres de Raban Maur en six volumes in-folio, son calendrier en plusieurs langues orientales, les lettres qu'il a écrites, les discours qu'il a prononcés, témoignent

(1) Seminarii Henniniani primus praeses ab ipso fundatore, Iprensium episcopo, creatus est. (Foppens, *Historia et series doctorum Academiae Duacensis.*)

des connaissances les plus variées et des recherches
les plus patientes et les plus heureuses (1).

Nous allons passer en revue, suivant l'ordre chro-
nologique de leur édition, la série des importantes
publications de COLVENEERE.

I. — La première, qui nous soit connue, est l'édition
revue et augmentée de la *Synopsis rerum ecclesiasticarum* (2) de l'anglais Edouard Rishton (3). C'est un
placard ou tableau in-folio double, édité par l'impri-
meur Bogard, de Douai, en 1595.

II. — *Thomae Cantipratani, sacrae theologiae doctoris, ordinis S. Dominici et episcopi suffraganei
Cameracensis* (4), *miraculorum et exemplorum memo-*

(1) Mgr Dehaisnes, *Le testament de Georges Colveneere.*

(2) Richardus Bristow, sacrae theologiae doctor, et studiorum sub
Alano praefectus, curavit tabulam chronographicam rerum ecclesiasticarum decem columnis distributarum, per Eduardum Rishtonum,
unum de seminario, componendam et typis imprimendam, quae
perpetuam catholicae romanae fidei successionem et stabilitatem
repraesentet oculis etiam imperitissimi homuncionis. (Knox, *The
first and second diaries of the english college Douay*, p. 304.)

(3) Pour aider à rectifier les notices données sur cet auteur par
Pitseus, *De illustr. angl. script*, par Moreri, *Grand dictionnaire
historique*, et autres, voici quelques indications extraites des documents publiés par Knox, *The first and second diaries of the english
college Douay*, passim. Edward Rishton, réfugié anglais, fut imma-
triculé à l'Université de Douai, en 1573, comme étudiant en théologie
du collège anglais. Il fut ordonné prêtre, à Cambrai, le 6 avril 1577,
et envoyé à Rome, le 2 août de la même année. Il en revint, le 27 mai
1580 et, le 5 juin suivant, fut envoyé en mission en Angleterre.
Emprisonné en décembre 1580, condamné à mort pour la foi, puis
exilé et « embarqué de force », le 31 janvier 1585, il revint chercher
asile au collège anglais de Douai, le 3 mars de la même année. Il
mourut de la peste, le 29 juin 1585.

(4) Colveneere, comme Denis de Rickel et plusieurs autres auteurs,
ont cru que Thomas de Cantimpré remplit les fonctions épiscopales à
Cambrai, sous l'évêque Nicolas de Fontaines et avec le titre *episcopus
Lusentinus* ; mais des critiques habiles, entre autres Guillaume
Seguier et Échard, révoquent en doute cette qualité d'évêque suffra-
gant de Cambrai. — « Vitam auctoris praefixit Colvenerius, in qua
illud solum non probatur, quod Thomam episcopum velit, cum tamen
non alio modo illud munus exercuisse fateatur, quam confessiones
andiendo, quod characterem episcopalem non exigit. » (Quétif et
Échard, *Scriptores ordinis Praedicatorum*, t. I, p. 250.)

rabilium sui temporis, Bonum universale de apibus, ad exemplaria complura, tum manuscripta, tum antique excusa, collatum et notis amplioribus illustratum, opera Georgii Colvenerii (1).

Sollicité plusieurs fois de publier ce travail, COLVENEERE s'y décida, sur les instances de quelques théologiens, gens de science et de prudence. Le succès répondit à leur attente, car, en peu de temps, l'ouvrage fut répandu non seulement dans la région, mais en France, en Italie, en Allemagne, en Espagne, et plusieurs éditions successives furent nécessaires pour répondre aux demandes du public.

Pour préparer cette première édition, COLVENEERE avait à sa disposition un manuscrit de 1489, provenant du couvent des Dominicains de Douai; deux imprimés, l'un de Boèce Epo, portant la date de 1478 et sorti des presses de Deventer; l'autre, qui lui avait été offert par l'évêque de Tournai, Michel d'Esne, et semblant n'être que la reproduction du premier; un manuscrit que lui avait donné Renulphe de Bonmarchiet, chanoine de Sainte-Waudru de Mons, paraissant presque identique à un troisième exemplaire fort défectueux imprimé à Paris.

COLVENEERE fit d'abord la collation *ad verbum* de tous ces exemplaires, ce qui lui permit de faire disparaître plusieurs milliers de fautes. Ce travail ne laissait point d'être pénible; l'éditeur se trouvait en présence d'un chaos inextricable; aucun exemplaire n'indiquait ni diphtongues, ni accents, et ne portait qu'une ponctuation fort parcimonieuse et souvent fautive. Quand la lecture lui parut douteuse, il signala les variantes qui pouvaient modifier le sens,

(1) Douai, *Balthazar Bellère*, 1597, in-8°. — Cette édition est dédiée à Jean Sarrazin, archevêque-duc de Cambrai et ancien abbé de Saint-Vaast d'Arras.

soit en marges, soit en notes à la fin du volume.
Contrairement à la pratique de certains éditeurs,
qui n'hésitent pas à substituer, sans en avertir le
lecteur, leur propre rédaction à celle de l'auteur,
quand celle-ci leur semble peu claire, Colveneere
préféra laisser la leçon originale, quoique incorrecte
ou barbare, et ne s'en écarta jamais sans indiquer,
en marge ou en notes, les modifications apportées,
afin, dit-il, que s'il lui arrivait de se tromper, le lecteur pût le corriger (1).

On voit avec quel soin, quelle conscience, quel
scrupule et au prix de quel travail, Colveneere rem-
plissait son rôle d'éditeur ; il y joignait celui d'anno-
tateur sérieux, érudit sans trop de superfluité, toujours utile. On peut s'en convaincre en parcourant ses
nombreuses annotations exégétiques et critiques (2).

Colveneere donna, en 1605, une seconde édition
de cet ouvrage (3), qu'il dédia à l'archevêque de
Cambrai, Guillaume de Berghes, et qui reçut l'appro-

(1) Qua collatione aliquot mendarum millia sustuli. Ubi dubia vide-
batur lectio, quae sensum variabat, eaque alicujus, quantumvis
exigui, momenti, eam in margine adnotavi, vel, ubi prolixior, in
notis, post finem operis. Horrebant omnia densa caligine ; nullum
erat exemplar quod diphthongum ullam scriberet, vel accentum
notaret ; commata vix ulla, et dispunctio orationis persaepe viciosa.
Quoniam vero multos esse deprehendo qui in recognoscendis veterum
scriptis, nimium sibi tribuentes, pro germana lectione supposititiam
obtrudere non verentur, nulla etiam saepenumero ejus rei, vel per
levem annotatiunculam, facta mentione, adeo religiose eam reliqui
lectionem, tametsi interdum barbaram, quae in exemplaribus reperie-
bátur, ut nunquam ab ea discesserim, nisi id expresse in margine vel
in notis declaraverim, ut si forte me falli contigerit, lectoris cujusque
judicio id explorari possit. (*Praefatio ad lectorem.*)

(2) Praeter hanc laboriosam sane collationem, notavi in margine
omnia loca Scripturarum et fere auctorum omnium quos citat. Denique, ad finem, opus totum annotationibus illustravi, sententias ubique
et voces obscuriores interpretatus sum, frequenter ex aliis auctoribus
ea, quae majorem fidem dictis auctoris nostri conciliare possent,
adjiciens ; ea vero, quae interdum minus recte dicta videbantur
rejiciens, vel explanans, ut notae nostrae partim sint exegeticae,
partim censoriae. (*Praefatio ad lectorem.*)

(3) *Thomae Cantipratani, sacrae theologiae doctoris, ordinis sancti
Dominici et episcopi suffraganei Cameracensis, miraculorum et*

bation d'Estius et de Barthélemy Peeters. Elle est précédée d'une vie de Thomas de Cantimpré et des éloges à lui décernés par les auteurs les plus célèbres.

Pour cette édition, Colveneere eut en main deux manuscrits nouvellement découverts : le premier provenait de l'abbaye du Saint-Sépulcre, de Cambrai, et lui avait été communiqué, lorsque la première édition était déjà plus d'à demi terminée ; le second lui avait été envoyé de la Chartreuse de Valenciennes. Il put aussi collationner une partie importante de l'ouvrage, avec un livre du même auteur, *De natura rerum,* qu'il avait découvert après la première édition. Quant aux annotations, il les augmenta, au point qu'elles purent être considérées comme un véritable commentaire tout à la fois théologique, historique et grammatical. Il y ajouta enfin un index des auteurs, qu'il s'imposa le devoir de contrôler lui-même (1).

exemplorum memorabilium sui temporis libri duo; in quibus praeterea, ex mirifica apum republica, universae vitae bene et christiane instituendae ratio (quo vetus Boni universalis alludit inscriptio) traditur et artificiose pertractatur, ad exemplaria complura, cum manuscripta, tum excusa, collati, ab innumeris mendis expurgati, aucti et notis illustrati, opera et studio Georgii Colvenerii, Alostensis, sacrae theologiae licentiati et professoris, ac librorum in academia Duacensi visitatoris. — Duaci, *ex typis Baltazaris Belleri, sub circino aureo,* anno 1605. In-8°, lxiv-597-86 *(Notes de Colveneere)* et xxxv pages *(index).*

(1) Collatum est integrum opus et emendatum ad correctissimum exemplar manuscriptum abbatiae Sancti Sepulchri Cameracensis, quod demum nactus fueram, dum prior editio plusquam dimidia parte excusa erat... Adhuc totum opus contuli ad novum exemplar manuscriptum Carthusiae Valencenensis... *Proprietates apum* integre contuli ad librum auctoris nostri *de natura rerum,* quem post primam editionem nactus sum... Adnotationes ita auctae sunt, ut nunc ad instar brevis commentarii esse queant. Video enim viros quosdam doctos, etiam prioris editionis notas, eo nomine dignari, dum me Cantipratani commentatorem nominant, ut R.P. Nicolaus Serrerius, s.j., *in cap. VI Tobiae, quaest. II.* Sunt autem adnotationes nostrae partim theologicae, partim historicae, partim grammaticae... Indicem auctorum addidi in notis a me citatorum. Nullum autem citavi locum auctoris, qui quidem extet, quem non inspexerim, exceptis paucis prophanis, in explicanda significatione vocabulorum minus latinorum, in quibus aliorum citatione contentus fui. (*Praefatio ad lectorem secundae editionis*).

Dans la troisième édition, les annotations sont plus considérables encore, et COLVENEERE y joint deux nouvelles tables, dont l'une comprend les noms des personnages, hommes et femmes, remarquables par la sainteté de leur vie et dont il est fait mention dans l'ouvrage ; la seconde est une table des matières des annotations.

Cette édition, approuvée par ESTIUS, PEETERS et Jacques POLLET (1), et dédiée à Antoine de Montmorency, abbé de Saint-André du Cateau-Cambrésis (2), parut en 1627 (3). C'est la meilleure des trois (4).

III. — *Johannis Nyderi Formicarius theologicus, cum notis* (5). Ce travail du célèbre dominicain (6) avait eu précédemment quatre éditions. Les deux premières sont incunables, sans indication de date,

(1) Hi duo libri Thomae Cantipratani.., qui nova editione, eaque tertia, prodeunt in lucem... quia... multam frugem adferent legentibus, proinde dignum opus esse censuimus quod de novo lucem videat et excudatur. Actum Duaci, die 13 julii 1627. Jacobus Pollet, S. theol. doctor et professor ordinarius.

(2) Cogitanti mihi cui patrono illud offerrem, R. Paternitas vestra occurrit, cujus apud nos religiosi aliquot commorati sunt, et quae me tam peramanter et humaniter saepius invisere dignata est, et, oblata rheda, ad Castrum Cameracesium invitare.

(3) *Thomae Cantipratani, S. Theologiae doctoris, ordinis Praedicatorum et episcopi suffraganei Cameracensis, Bonum universale de apibus ; in quo ex mirifica apum republica vitae bene et christiane instituendae ratio traditur et artificiose pertractatur; opus varium et jucundum, insertis ubique miraculis et exemplis memorabilibus sui temporis; ad exemplaria complura, cum manuscripta, tum antiqua excusa, collatum, a mendis typographicis expurgatum et notis amplioribus illustratum, opera Georgii Colveneril, Sacrae theologiae doctoris et ejusdem in Academia Duacena regii et ordinarii professoris, collegiatae ecclesiae sancti Petri praepositi et canonici, et dictae Academiae cancellarii.* — Duaci, *ex typogr. Balt. Belleri, sub circino aureo*, 1627. In-8°, LXXX-594-176 (*Notes de Colveneere*) et LIV pages (*index*).

(4) La Bibliothèque de l'Université Catholique de Lille en possède un magnifique exemplaire qui lui a été offert par M. E. Clabaut. Il porte l'*ex-libris* de Jean-François Foppens, de Bruxelles, chanoine de l'église cathédrale de Bruges.

(5) Douai, *Bellère*, 1602, in-8°, 431 pages.

(6) Voir sur cet auteur la notice de Quétif et Échard, *Scriptores ordinis Praedicatorum* t I, p. 792 et t II, p. 822.

de lieu ni de nom ; la troisième parut, en 1517, chez
Jean Scot, à Strasbourg ; la quatrième, chez les frères
de Marnef, à Paris, en 1519. COLVENEERE s'est servi
de ces quatre éditions pour préparer la sienne, qu'il
enrichit de notes et fit précéder d'une vie de
l'auteur (1).

IV. — COLVENEERE fut, avec SYLVIUS, PEETERS et
POLLET, l'un des auteurs de l'édition de la Somme de
saint Thomas, qui parut à Douai, en 1614. On sait
que cette édition fut contrefaite, à Paris, en 1622 ; la
Faculté de Douai se plaignit hautement de cette
fourberie, dans l'avertissement de la seconde édition
qu'elle donna en 1623 à Douai, en y ajoutant le
catéchisme de Hunnæus. Cette édition surpasse
toutes les précédentes et ne doit céder tout au plus
qu'à celles du Père Jean Nicolaï (2). Elle est dédiée
par la Faculté à Grégoire XV et par l'imprimeur à
Jean du Joncquoy, abbé de Marchiennes. Les éditeurs
l'avaient perfectionnée à l'aide de quelques manuscrits, qu'ils n'avaient pas vus auparavant, de deux
éditions faites à Rome en 1469 et des variantes de
quelques exemplaires de la métropole de Cambrai,
que leur fournit Jean Baccart, théologal de cette
église et licencié en théologie de Douai (3).

V. — *Chronicon Cameracense et Atrebatense, sive
historia utriusque ecclesiae tribus libris ab hinc DC
fere annis conscripta a Balderico, Noviomensi et
Tornacensi episcopo, nunc primum in lucem edita et*

---

(1) Quatuor his editionibus usus est Colvenerius, ut quintam emen-
datiorem traderet, quam et egregiis notis illustravit. (Quétif et Échard,
Scriptores ordinis Praedicatorum, t. I, p. 792.)
(2) Paris, 1663 ; Lyon, 1685.
(3) Paquot, *Mémoires pour servir à l'histoire littéraire des Pays-
Bas*, t. II, p. 132.

notis illustrata per Georgium Colvenerium, S. T. D. et in Academia Duacena regium et ordinarium professorem (1).

Cette *Chronique*, demeurée jusqu'alors manuscrite, souvent citée cependant avec éloges, mais sans nom d'auteur, paraît être l'œuvre de Baldéric, chantre de Thérouanne, au XIe siècle. Comme tous ses contemporains, COLVENEERE a cru que ce Baldéric était l'évêque de Noyon ; on ne connaissait pas alors le principal monument qui a permis de discerner ces deux écrivains (2). Les Bollandistes furent les premiers à redresser cette erreur ; dom Rivet, le premier auteur de l'*Histoire littéraire de la France,* adopta leur opinion et la fortifia par de nouveaux arguments (3). Dans le *Recueil des historiens de la France,* on avait d'abord partagé l'erreur commune (4) ; on la corrigea plus tard (5). La *Biographie universelle* avait aussi confondu les deux personnages, mais elle admit, dans son supplément, un article rectificatif de M. Leglay.

COLVENEERE avait préparé ce travail dans l'intention de l'offrir à l'évêque de Cambrai, François Buisseret, « heu cito nimis e vita abrepto ». Le siège étant vacant, il le dédia au chapitre métropolitain (6).

Dans sa *Praefatio ad lectorem,* l'éditeur nous avertit qu'il a eu en mains trois exemplaires manuscrits de cette chronique. Le premier provenait de la bibliothèque de la cathédrale d'Arras ; moins ancien que le suivant, mais plus correct et plus complet, il

(1) Duaci, *ex off. J. Bogardi,* MDCXV, in 8°, XL-592 pages.
(2) Il se trouve dans Baluze, *Miscellanea,* t. V, p. 809.
(3) Tome VIII, p. 406.
(4) Tome VIII.
(5) Tome XI, p. 122.
(6) Cette dédicace est datée du 12 mai 1615.

a servi de guide à COLVENEERE ; le second, de l'abbaye de Saint-Ghislain, était tellement vieux, que les caractères en étaient souvent altérés ou effacés, au point que l'éditeur avait peine à les déchiffrer même à l'éclat de la lumière du soleil ; le troisième manuscrit appartenait à l'abbaye de Rouge-Val en Brabant.

COLVENEERE ne se contenta pas de collationner ces textes avec le plus grand soin (1), mais il indiqua en marge les endroits de l'Écriture Sainte, des Pères et des écrivains cités par Baldéric ; il fit précéder chacun des chapitres de la date des événements, d'après les autres chroniqueurs postérieurs qu'il consulta avec attention (2). Quant aux diplômes des papes, des rois et des empereurs, que Baldéric avait intercalés dans son récit, COLVENEERE les soumit à une révision minutieuse d'après les originaux ou les copies authentiques des archives des églises de Cambrai et d'Arras (3). Enfin il ajouta au texte du chroniqueur de nombreuses notes et observations qui y répandent beaucoup de lumière (4), et un glossaire expliquant les

(1) Tria nactus exemplaria manu scripta, unum eorum describi curavi et postmodum accurate quod descriptum erat cum tribus illis exemplaribus verbotenus, ut dici solet, ipse contuli, deinde decenter dispunxi.

(2) In margine non solum illas scripturas quas citat expresse, sed interdum etiam eas ad quas alludit, adnotavimus. Item Patrum et aliorum auctorum testimonia. Praeterea, ut magis referret formam chronici, saepe ex posterioribus auctoribus, ut Sigeberto, Meyero, Baronio, et aliis, annum Dominicae Incarnationis ad oram apposuimus.

(3) Diplomata pontificum, regum et imperatorum, quae interferuntur, conferri curavimus ad originalia, vel alioquin exempla authentica quae extant in archivis ecclesiae Cameracensis vel Atrebatensis.

(4) *In chronicon Cameracense et Atrebatense, notae seu scholia, quibus obscura quaeque illustrantur, dubia et involuta explicantur, mutila et depravata supplentur et emendantur, auctore Georgio Colvenerio, S. T. D., et regio ac ordinario in Academia Duacena professore.*

termes extraordinaires qui se rencontrent dans le texte original (1).

Dans un assez long préambule, COLVENEERE fait connaître la date et l'auteur de la Chronique (2) ; il rapporte les témoignages que les anciens et les modernes ont rendus à l'auteur et au travail (3) ; il y ajoute encore une liste des écrivains cités dans la chronique (4), et un catalogue des évêques de Cambrai et d'Arras jusqu'à Gérard II inclusivement (5).

En 1834, le savant archiviste du Nord, M. le docteur Leglay, donna une réédition de la chronique de Baldéric (6). Dans sa préface et dans ses notes, il ne cache ni son admiration pour son devancier COLVENEERE, ni l'immense utilité de sa publication. « Assurément, dit-il, l'énumération de tous ses travaux suffit pour démontrer que *Colvener* fut un écrivain laborieux et plein de discernement dans le choix des ouvrages qu'il fit connaître au public; mais on admirera en outre sa vaste érudition et sa judicieuse sagacité, quand on aura lu les notes dont il a enrichi Flodoard et Baldéric. Nos connaissances actuelles et les progrès qu'ont faits, depuis deux siècles, la critique historique et la philologie, ont, sans doute, rendu ces notes bien incomplètes pour l'époque où nous vivons, mais il y aurait de l'injustice et de

(1) *Vocum quarumdam obscurarum aut barbararum explicatio ordine alphabetico.*

(2) *De auctore hujus Chronici, quo tempore scriptum sit, et aliis ejusdem operibus.*

(3) *Veterum et recentiorum testimonia de hoc chronico ejusque auctore.*

(4) *Catalogus eorum qui ab auctore in hoc chronico citantur.*

(5) *Catalogus episcoporum Cameracensium et Atrebatensium.*

(6) *Chronique d'Arras et de Cambrai, par Baldéric, chantre de Térouane, au XIe siècle, revue par le Dr Leglay. Paris, 1834. In-8°.*

l'ingratitude à ne pas confesser les services rendus à la science par cet écrivain, que les biographes semblent, jusqu'ici, avoir trop négligé. Notre auteur (Baldéric), nourri de la lecture de ses devanciers, cite souvent leurs propres paroles, sans se croire obligé d'indiquer les sources auxquelles il a puisé. *Colvener* a mis un soin scrupuleux à rechercher ces sources et à les signaler. Sous ce rapport, j'aurai peu de choses à ajouter à ses savantes et judicieuses remarques. »

L. C. Bethmann a donné aussi une édition de la chronique de Cambrai et d'Arras dans les *Monumenta germaniae historica* de Pertz (1), édition insérée dans le *Cursus completus patrologiae* de Migne, en 1853 (2). Le docte allemand ne ménage pas les éloges à Colveneere, qu'il considère comme un éditeur extrêmement consciencieux (3), qu'il place au premier rang pour son érudition solide et son exactitude scrupuleuse, et dont il classe le livre parmi les éditions les plus remarquables des auteurs du moyen-âge (4).

VI. — Nous avons mentionné déjà l'*Histoire de l'église de Reims* de Flodoard ; c'est encore l'une des plus savantes éditions de Colveneere.

Les auteurs de l'*Histoire littéraire de la France* ont donné une excellente notice sur Flodoard ou Frodoard, celui de nos écrivains du Xe siècle qui a le plus heureusement travaillé à enrichir l'histoire par

(1) Scriptores, t. VII, p. 393 et suiv.
(2) Tome CXLIX, col. 9 et suiv.
(3) Vir summae in litteris etiam religionis.
(4) Cumque Colvenerius solida eruditione atque accurata diligentia inter primos excelleret, liber ejus praestantissimis auctorum quos media aetas tulit editionibus est annumerandus.

plusieurs ouvrages considérables, d'autant plus estimables que les sujets qu'il y traite sont plus intéressants (1). Le seul dont nous ayons à parler est son *Histoire de l'église de Reims,* qu'on a appelée quelquefois *Les gestes des archevêques de Reims.* Elle est divisée en quatre livres et comprend toute l'histoire de cette église depuis sa fondation jusqu'à l'année 948 (2). Le latin en est correct, même élégant, eu égard à l'époque où elle fut écrite. Flodoard la rédigea entièrement d'après les documents des archives de la cathédrale de Reims, dont la garde lui avait été confiée; de sorte, ajoute l'*Histoire littéraire de la France,* que nous avons peu d'histoires qui soient plus authentiques et mieux prouvées.

L'œuvre de Flodoard parut d'abord traduite en français par les soins de Nicolas Chesneau, chanoine et doyen de Saint-Symphorien de Reims (3). Mais cette traduction est fort imparfaite, tant à cause des lacunes considérables de l'exemplaire latin sur lequel Chesneau a travaillé, qu'à raison de son inexactitude.

En 1611, le Père Sirmond publia le texte latin, sans annotations, mais avec quelques appendices (4).

Six ans plus tard, COLVENEERE en donna une édition latine (5), dont il élabora scrupuleusement le texte

---

(1) Tome VI, p. 313-329.
(2) Flodoard mourut en 966.
(3) Reims, *Jean de Foigny,* 1580, in-4°.
(4) *Historia Remensis ecclesiae, nunc primum latine, auctior quam gallica versio, cum appendice et aliis opusculis.* — Paris, Séb. Cramoisy, 1611, in-8°.
(5) *Historiae Remensis ecclesiae libri IIII, auctore Flodoardo, presbytero et canonico ejusdem ecclesiae, studio et cum scholiis Georgii Colvenerii.* — Douai, *J. Bogard,* 1617, in-8°.

d'après sept manuscrits différents mis à sa disposition (1). « L'éditeur a rempli plusieurs lacunes et
corrigé beaucoup de fautes. Il a illustré le texte de
scholies ou notes, dans lesquelles il explique et
éclaircit les endroits obscurs, supplée à ceux qui
sont mutilés et rectifie ceux où il y a quelque défaut.
A la suite de ces notes, *Couvenier* (2) a ajouté une
espèce de glossaire, dans lequel il donne divers éclaircissements des expressions difficiles à entendre, ou
barbares, qui se rencontrent dans le texte original.
Après quoi vient un appendice qui contient quelques
pièces qui peuvent servir à l'histoire de la même
métropole. A la tête se lisent une préface au lecteur
et la vie de Frodoard, de la façon de *Couvenier*, avec
les témoignages rendus en divers temps à la mémoire
de l'auteur (3). »

Cette édition, de beaucoup préférable à celle du
Père Sirmond, a été reproduite dans la *Bibliothèque
des Pères* (4), et, avec des additions considérables,
dans l'*Histcire de l'église de Reims*, de Guillaume
Marlot (5). En 1854, l'Académie de Reims en publia
le texte latin avec une traduction française (6);

(1) Colveneere dédia cette édition à François Van der Burch,
archevêque de Cambrai.

(2) C'est ainsi que l'*Histoire littéraire* traduit le nom latin
Colvenerius.

(3) *Histoire littéraire de la France*, t. VI, p. 324.

(4) *Bibliotheca maxima veterum Patrum et antiquorum scriptorum ecclesiasticorum, cura P. Despont*, t. XVII. — Lugduni, 1677,
in-folio.

(5) *Metropolis Remensis historia, a Frodoardo primum arctius
digesta, nunc demum aliunde accersitis plurimum aucta et illustrata et ad nostrum hoc saeculum fideliter deducta. — Tomus I*,
Insulis, *ex off. Nic. de Raches*, 1666, in-folio, 668 pages. — *Tomus II*,
opus posthumum, Reims, *Pr. Lelorain*, 1679, in-folio, 886 pages.

(6) *Flodoardi historia Remensis ecclesiae. Histoire de l'église de
Reims, par Flodoard, publiée par l'académie impériale de Reims et
traduite, avec le concours de l'académie, par M. Lejeune, professeur au lycée de la même ville. — Reims, Regnier*, 1854, 2 vol.
in-8°.

M. Lejeune, auteur de cette édition, s'est aidé largement du travail de COLVENEERE (1).

VII. — *Officia propria peculiarium sanctorum nobilis ecclesiae Malbodiensis, ad normam breviarii romani conformata* (2).

VIII. — *Officia propria nobilis ecclesiae Sanctae Waldetrudis, oppidi Montensis* (3).

Ce fut sur l'invitation de l'archevêque de Cambrai, François Van der Burch, que COLVENEERE rédigea ces deux *propres*.

IX. — *Rabani Mauri, ex abbate Fuldensi, archiepiscopi sexti Moguntini* (4), *opera quae reperiri potuerunt omnia, in sex tomis distincta, collecta primum industria Jacobi Pamelii, Brugensi, S. Theol. licentiati, canonici et archidiaconi, et postmodum designati episcopi Audomarensis* (5), *nunc vero in lucem emissa cura Rmi Antonii de Henin, episcopi Yprensis* (6), *ac studio et opera Georgii Colvenerii,*

(1) « Nous nous empressons de rendre hommage à nos devanciers dont les travaux, et principalement ceux de Colvener, ont facilité notre tâche. Nous avons profité du texte si scrupuleusement élaboré par ce dernier. » (*Avant-propos*).

(2) Douai, *Bellère*, 1624, in-8°. — Colveneere parle de cet ouvrage dans son *Kalendarium*, t. I, p. 67 : « Aliud officium dedimus inter officia propria ecclesiae Melbodiensis, Duaci excusa anno 1624. »

(3) Douai, 1625, in-8°.

(4) *L'histoire littéraire de la France*, t. V, p. 151-203, donne une notice complète sur le bienheureux Raban Maur, abbé de Fulde, puis archevêque de Mayence, né vers 776, mort en 856, le plus laborieux et le plus fécond écrivain de son siècle.

(5) Jacques de Paméle, né à Bruges en 1536, venait d'être nommé par Philippe II à l'évêché de Saint-Omer, lorsqu'il mourut subitement avant son sacre, le 19 septembre 1587.

(6) Antoine de Hennin fut le fondateur du séminaire de Hennin ou de Saint-Sauveur, dont nous avons parlé plus haut et qui eut COLVENERRE pour premier président.

S. Theol. doctoris et regii ac ordinarii in Academia Duacena professoris, collegiatae sancti Petri praepositi, ac dictae academiae cancellarii (1).

Le libraire de Cologne, Antoine Hierat, qui fit les frais de l'impression de cet ouvrage, le dédia à Jean Swiccard, archevêque de Mayence, et à Jean Bernard, abbé de Fulde (2). Il nous apprend dans sa *Praefatio ad lectorem* que la préparation de cette édition avait été commencée par Jacques de Pamèle, qu'une mort prématurée empêcha de l'achever ; Antoine de Hennin, son successeur, obtint des héritiers de Jacques de Pamèle la communication de ce travail qu'il chargea Colveneere de poursuivre et de mener à bonne fin (3). Hierat faisait travailler à l'impression dans la petite ville d'Ourselle, mais les troupes ennemies enlevèrent une partie de ce qui était tiré, lorsqu'en 1621 elles saccagèrent et brûlèrent cette ville. Il lui fallut quelque temps pour réparer eette perte ; il ne réussit à compléter l'édition qu'en 1626 (4) et la mit en vente l'année suivante (5).

Les auteurs de l'*Histoire littéraire de la France* font remarquer avec raison que Colveneere a inséré dans cette édition quatre ouvrages qui n'appartiennent pas à Raban Maur : *Les questions sur les*

---

(1) Coloniae Agrippinae, *sumptibus Antonii Hierati, sub signo gryphi*, M. D. C. XXVI, 6 tomes en 3 volumes in-folio.

(2) Cette dédicace porte la date du 14 septembre 1626.

(3) In his colligendis R. D. Jacobus Pamelius jam olim nulli labori ac sumptui pepercit, eo consilio ut suo studio atque opera in lucem emitterentur. Id, quum vir optimus et longiori vita dignissimus, immatura morte praeventus, praestare non potuisset, R. Antonius Hennin, episcopus Audomaropolitanus, cum haeredibus egit ut quidquid penes se esset non gravatim communicarent. Horum recensionem in se suscepit D. Georgius Colvenerius, S. T. D. et in academia Duacena regius ac ordinarius professor et concellarius, qui etiam majorem partem eorum quae jam olim impressa erant, addidit.

(4) Epitre dédicatoire.

(5) C'est ce qui explique que, des deux frontispices du premier volume, l'un porte la date de 1626, l'autre celle de 1627.

*canons de la pénitence, le traité des vices et des
vertus, l'opuscule sur l'antéchrist et le commentaire
sur la règle de saint Benoît ;* et que, par un défaut
opposé, il y a omis deux autres écrits qui sont incon-
testablement de Raban : *le traité des vertus et des
vices* et la *lettre canonique à Héribald, évêque
d'Auxerre.* Dans la suite, on a retrouvé d'autres
ouvrages de Raban, mais postérieurement à 1627 ;
Colveneere n'a donc pu leur donner place dans son
vaste recueil.

« Nous ajouterons, disent encore les mêmes
auteurs, que le principal défaut de cette édition con-
siste en ce qu'elle est entièrement dénuée de notes
et d'observations ; il n'y en a point d'autres que
celles de Brower sur les poésies de l'auteur. Mais les
éditeurs n'ont rien négligé pour recueillir exactement
tous les témoignages que la postérité a rendus à la
mémoire de Raban ; on les voit placés à la tête du
premier volume, où ils sont suivis de deux vies de
notre prélat, l'une par Rudolfe, son disciple, l'autre
par Trithème (1). »

X. — *Miracula CCX confraternitatis septem Dolorum sacratissimae Virginis Mariae, deque ortu et pro-
gressu ejusdem confraternitatis, auctore Joanne de
Coudenberghe* (2).

____

(1) *Histoire littéraire de la France*, t. V, p. 203.
(2) Douai, *Auroy*, 1629, 2 vol. in-12. — N'ayant pu nous procurer
un exemplaire de cet ouvrage, nous en donnons le titre d'après les
bibliographies. — Foppens a consacré un court article à Jean de
Coudenberghe. — Colveneere parle de cet ouvrage dans son
Kalendarium, t. I, p. 208 : « Qui de doloribus B. M. V. tractaverunt
complures citavi auctores in epistola ad lectorem, a me praefixa
libello de ducentis decem miraculis confraternitatis septem dolorum
sacratissimae Virginis Mariae, quem recudi curavi Duaci, anno 1619
(sic) et ad singulos Belgii episcopos exemplar transmisi. »

XI. — *Kalendarium sacratissimae Virginis Mariae novissimum, ex variis Syrorum, Aethiopum, Graecorum, Latinorum breviariis, menologiis, martyrologiis et historiis, concinnatum, duobus tomis comprehensum ; opus theologicum, historicum et morale, ommibus theologis, pastoribus, concionatoribus et ducibus exercitus magno usui futurum, auctore Georgio Colvenerio, S. T. D. et ejusdem regio, ordinario ac primario professore, collegiatae ecclesiae S. Petri praeposito et canonico, nec non universitatis Duacenae cancellario, librorumque censore* (1).

COLVENEERE composa cet ouvrage pour répondre aux attaques des hérétiques contre le culte de Marie, pour corriger la légéreté, les erreurs, les « inepties » de certains calendriers historiques placés en tête des heures de la Vierge et pour donner à tous les fidèles de pieux sujets de lecture et de méditation pour chaque jour de l'année (2). Aussi l'offre-t-il pieusement à la Très Sainte Vierge, en témoignage de sa dévotion et de sa reconnaissance. (3) C'est aussi le sentiment de la reconnaissance qui le poussa à dédier cet ouvrage au bourgmestre et aux échevins d'Alost, sa ville d'adoption (4).

(1) Duaci, *ex offici. Baltasaris Belleri, sub circino aureo*, 1638, 2 vol. in-8 ; tom I, LXXXVIII-82 *(generales commemorationes)*, 416-XXII *(index)* folios ; tom. II, XLVI-464-XX *(index)* folios. — L'exemplaire que nous avons entre les mains a appartenu à Nicolas Lambert, curé de Saint-Maurice de Lille, 1639.

(2) *Préface au lecteur et aux dévôts de Marie.*

(3) Accipe hoc opusculum pro votis et precibus susceptis, pro liberatione a tot periculis animae et corporis, pro tot beneficiis a Filio tuo in me collatis.

(4) Cum jam, ab annis quadraginta et amplius, opuscula quaedam in lucem produxerim, ut Thomae Cantipratani *bonum universale de apibus*, tertio excusum cum notis seu scholiis nostris ; similiter *formicarium* Joannis Nider ; *chronicum Cameracense et Atrebatense* Balderici, Noviomensis et Tornacensis episcopi ; Flodoardi *historiae Remensis ecclesiae libros quatuor ; Miracula ducenta decem confraternitatis septem dolorum sacratissimae Virginis*

En commençant (1) Colveneere traite de l'office
quotidien et de l'office du samedi qui se dit en
beaucoup d'églises, du *Salve*, de l'*Angelus*, de l'*Ave
Maria* qui commence les sermons, de la confrérie
du rosaire, du culte de Marie en Orient et en
Éthiopie, du samedi consacré à la Vierge,de l'auteur
de l'office de la Sainte Vierge, de l'utilité de cet
office, des quatre antiennes *Alma*, *Ave Regina*,
Regina coeli et *Salve* ; il s'étend longuement sur
cette dernière.

Puis vient le *Calendrier* proprement dit, disposé
par mois et par jours. Pour chaque jour, il donne
la fête de la Vierge dans les diverses liturgies ; il en
explique le sens et accompagne cette explication de
nombreuses citations de l'Écriture, des Pères et des
auteurs ecclésiastiques (2) ; une seconde partie
contient l'*éphéméride*, c'est-à-dire le récit d'un événement dû à l'intercession de Marie : victoires,
miracles, dédicaces d'églises, fondations d'ordres
ou de monastères, concessions d'indulgences, etc.
Cette seconde partie offre un très grand intérêt au
point de vue de l'histoire générale et surtout au

Mariae ; Rabani Mauri *opera*, sex tomis in-folio Coloniae excusa ;
mirari posset vestrum quispiam vel etiam indignari, quod, tanto
temporis spacio, nihil a me vobis consecratum fuerit. Huic admi-
rationi vel indignationi ut occurrerem, visum est opus hoc claris-
simis DD.VV. inscribere, tum etiam ut memorem me esse declararem
beneficiorum, quae jam olim ab Alostana urbe recepi. (*Epître dédicatoire, datée de Douai, 1er juillet 1638*). Ce qui l'a déterminé à ce
choix, ajoute-t-il, c'est la grande dévotion de cette ville à la Vierge,
qu'il a remarquée étant enfant, et sa fidélité inébranlable qui l'a
préservée de l'hérésie l'environnant de toutes parts.

(1) *Generales aut quotidianae commemorationes Beatae Mariae
in Breviario et Missali romano.*

(2) En tête de l'ouvrage, Colveneere a placé : *Testimonia et elogia
ad S. V. M. invocationem et cultum excitantia : 1° ex Scripturis;
2° ex Patribus; 3° ex doctoribus scholasticis.* Il y a joint un *Index
auctorum allegatorum* et un autre *Index alphabeticus rerum
memorabilium.*

point de vue de l'histoire religieuse de notre région (1).

XII. — Foppens et plusieurs autres auteurs attribuent aussi à COLVENEERE la rédaction des *Propres*

(1) Voici quelques-uns des faits qui intéressent plus spécialement la région : Atrebati dedicatio cathedralis ecclesiae, circa 1030 (4 janvier) ; — Brugis institutio ordinis aurei velleris, 1430 (10 janvier) ; — Juxta Insulas, Flandriae oppidum, in Esquermes, capella exstructa est titulo annuntiationis B. M. V., anno 1014 (25 mars) ; — In Hannonia praeservatio et liberatio monasterii Camberonensis e faucibus Geusiorum, interventu B. M. V., 1581 (29 mars, 8 et 28 avril) ; — Conservatio oppidi Cameracensis contra Hungaros per orationem et merita B. M., 1053 (6 avril) ; — In comitatu Cameracesii, erectio castelli S. Mariae in oppidum, 1001 (21 avril) ; — Valentianis, in ecclesia S. Petri, miraculis inclarescere caepit imago B. M., Mediolano allata, anno 1480 (21 avril) ; — Tornaci, dedicatio cathedralis ecclesiae B. M. (9 mai) ; — Loï (Loos) juxta Insulas, miraculis caepit innotescere imago B. M., 1581 (23 avril, 20 mai) ; — Consecratio ecclesiae B. M. Valcellensis (Vaucelles), 1149 (26 mai, 1ᵉʳ août) ; — Prima dedicatio ecclesiae Melbodiensis in honorem B. M. V. (10 juin) ; — Victoria Tornacensium contra Flandros, per B. Mariam, patronam suam, 1477 (30 juin) ; — Dedicatio postrema ecclesiae B. M. Cameracensis, 1472 (5 juillet, 14 août, 18 octobre) ; — Duaci caepit miraculis inclarescere imago S. M. inhaerens muro collegiatae et parochialis ecclesiae S. Petri, 1532 (8 juillet, 24 septembre) ; — In Flandria liberatio civitatis Iprensis per gloriosam Virginem, 1383 (8 août) ; etc., etc. — Colveneere mentionne aussi les· grands pèlerinages et les principales processions du pays : Ypres, Valenciennes, Halle, Tongres, Cambrai, Arras, Tournai ; les offices spéciaux aux églises de la région ; les victoires remportées dans cette même région ; les miracles de N. D. de Bourbourg (20 et 26 septembre) ; les dédicaces de Vicogne, 1139 (24 septembre) et d'Anchin, 1086 (9 octobre) ; etc., etc. — Citons textuellement *l'éphéméride* du 29 juin, qui intéresse Colveneere et son séminaire de Hennin : « Duaci, solemnis translatio imaginis B. M. Hollandicae a templo S. Jacobi ad sacellum seminarii S. Salvatoris, quod Henninianum dicitur, anno 1632. Haec imago B. V. artificiose sculpta est ex candido alabastro, cum Filio in brachio sinistro. Eam dono misit ad me, praesidem dicti seminarii, dominus ac magister Joannes Vermeere, S. Th. baccalaureus formatus, pastor in Moeseke, territorii Teneremondani, alumnus quondam ejusdem seminarii, cum attestatione sub juramento facta coram Burgimagistro, duobus scabinis et graphiario ejusdem parochiae, quod imago haec, quae antea pertinuerat ad dominum Joannem de Cantere, ballivum ejusdem pagi, steterit olim Leydis in Hollandia, in ipso Begghinagio, dum ibidem floreret catholica religio : unde nomen ei impositum, ut vocetur Hollandica. Rationem cur ad hoc seminarium transmiserit, in suis litteris ad me datis, assignat triplicem. Prima ut ipsa Sanctissima Virgo dignetur esse theologorum cynosura et ipsius auspicio studia theologica incipiant et in pastoratu finiant. Secunda quod fundator ejusdem seminarii, R. D. Antonius de Hennin, Iprensium episcopus, eamdem sanctissimam virginem unice dilexerit. Tertia quod eodem affectu ejusdem seminarii praeses eamdem prosequatur.

de l'église abbatiale de Denain et des églises collé-
giales de Chimay, en Hainaut, et de Comines, en
Flandre (1).

XIII.—*Litterae eximiorum DD. Georgii Colvenerii,
Francisci Sylvii et Valentini Randour, theologiae
professorum Duacensium ad serenissimum Leopoldum,
Belgii supremum gubernatorem, scriptae 27 julii 1648,
quibus testantur se Jansenii doctrinam semper
proscriptam voluisse. Accedit serenissimi Leopoldi
responsum, datum 3 septembris ejusdem anni* (2).

Nous avons déjà reproduit ces deux documents si
importants pour l'histoire de la Faculté de théologie
de Douai (3).

XIV. — L'année suivante, Colveneere, Randour
et Van Couverden firent paraître un volume intitulé :
*Veritas et aequitas censurae pontificiae Pii V,
Gregorii XIII, Urbani VIII, super articulis LXXVI
damnatis propugnata constanter ac illustrata a
facultate theologica Duacena antiquiore ac recentiore ;
sive antitheses depromptae digestaeque ad mentem
Sancti Augustini ex luculentis commentariis eximiorum DD. ac MM. NN. Guillelmi Estii et Francisci
Sylvii, quot ipsae, tot rationes, cur Universitas
Duacena Urbanam bullam de his articulis promptis-
sime acceptavit, in publicis scholis promulgavit,
iisdemque affixerit* (4). Ce livre a déjà été analysé (5).

---

(1) *Bibliotheca belgica*, t. I, p. 337.
(2) Duaci, 1648, in-4°.
(3) L'abbé Th. Leuridan, *Les théologiens de Douai. III. François
Sylvius*, p. 25.
(4) Duaci, *Vid. Marci Wyon*. 1649, in-folio.
(5) L'abbé Th. Leuridan, *Les théologiens de Douai. III. François
Sylvius*, p. 27 . *Guillaume Estius*, p. 15.

XV. — Pour être complet, nous devons encore citer, au nombre des *imprimés* de COLVENEERE, deux lettres qu'il écrivit à dom Vincent Longuespée, abbé de Loos, et publiées par le Dr Leglay (1). Dans la première, datée du 28 décembre 1613, le savant théologien exprime ses doutes au sujet de l'auteur du *Te Deum* et prie l'abbé de Loos de lui envoyer un vieux bréviaire manuscrit de son ordre, où ce cantique est attribué à saint Anicet. Dans la seconde, du 16 mai 1614, il remercie son correspondant de l'envoi de ce bréviaire, et renouvelle l'expression de ses doutes, sans toutefois donner une solution.

Cette simple nomenclature des œuvres considérables de COLVENEERE suffit amplement à justifier la haute réputation que lui ont faite Foppens (2), Sweertius (3) et après eux le Dr Leglay (4), Mgr Dehaisnes (5), et, en général, tous les recueils un peu complets de biographie ou de bibliographie.

(1) *Nouveaux analectes ou documents pour servir à l'histoire des faits, des mœurs et de la littérature*, n°s XVI et XVII, dans les *Mémoires de la Société nationale des sciences, de l'agriculture et des arts de Lille*, année 1850, p. 351.

(2) Vir sane in eruendis et colligendis antiquitatis atque historiae ecclesiasticae reliquiis diligentissimus ac fidelissimus ; cujus rei specimen non unum dedit, cum veterum libris primum in lucem editis, tum orationibus variis ad juventutem academicam habitis, de materiis plerisque ex ultima antiquitate ecclesiastica repetitis, ut ex catalogo earum colligere est (*Bibliotheca Belgica*, t. I, p. 336).

(3) Vir in eruendis colligendisque antiquitatis atque historiae ecclesiasticae reliquiis diligentissimus (*Athenae Belgicae*, p. 273).

(4) *Archives historiques et littéraires du Nord de la France et du midi de la Belgique*, t. IV, p. 61.

(5) *Le testament de Georges Colneveere.* — Mgr Dehaisnes a fait aussi remarquer que les *Acta Sanctorum* offrent un grand nombre de notes et de passages empruntés aux ouvrages de divers érudits de l'époque, et notamment à Colveneere (*Les origines des Acta Sanctorum et les protecteurs des Bollandistes dans le Nord de la France*, dans les *Mémoires de la Société d'agriculture, de sciences et d'art séant à Douai*, 2e série, t. IX, p. 459).

IV. — *Le testament de Colveneere ;*
ses fondations pieuses et charitables ;
mort de Colveneere ;
son séminaire de la Foi.

Le testament de Colveneere, que Mgr Dehaisnes a eu la bonne fortune de découvrir aux archives du Nord (1), renferme plusieurs dispositions curieuses ou importantes, qui peuvent servir à mieux faire connaître et apprécier l'homme, le prêtre et le savant dans notre théologien. La brochure, où il est reproduit, n'a été tirée qu'à un très petit nombre d'exemplaires et est devenue presque introuvable ; d'un autre côté, comme le but de nos *notices* est surtout de former l'ensemble le plus complet possible des documents relatifs à la Faculté de théologie de Douai, nous croyons utile de reproduire ce testament (2), ainsi que l'analyse qu'en a donnée le regretté Mgr Dehaisnes.

(1) Archives départementales du Nord, *Fonds de la collégiale de Saint-Amé de Douai.*

(2) In nomine Domini. Amen. Ego Georgius Colvenerius, peccator, sciens nihil morte certius, sed die mortis nihil incertius, hanc esse declaro, per hoc testamentum, ultimae voluntatis meae sententiam.

Animam meam, ubi corpus relicquerit, in manus omnipotentis Dei, creatoris mei et misericordissimi patris, commendo, ut eam, per intercessionem et merita sacratissimae Virginis Mariae, apostolorum Petri et Pauli, Angeli custodis, sancti Stephani, sancti Georgii et omnium sanctorum, secum assumere dignetur. Quia autem decet sacerdotem sepeliri ubi sacrificium obtulit, sepulturam eligo in ecclesia sancti Petri, eo loco vel circa ubi confessiones poenitentium, per annos quinquaginta et unum aut circiter, excepi. De bonis autem terrenis quae mihi a Deo donata sunt, ultra decentes exsequias, sine tamen convivio, sed pane et vino distributo invitatis, volo ut, eodem die, omnibus sacerdotibus, pro refrigerio animae meae celebrare volentibus, solvantur sex scuferi. Item ut triginta diebus continuis, unum quotidie pro me sacrum celebretur, et ut, in die obsequiarum, distribuantur duodecim raseriae frumenti in panes conversae cujusvis generis pauperibus.

Pio fundando duplici decanali S. Georgii, lego ecclesiae S. Petri reditum triginta octo florenorum, offerendo etiam capitulo electionem talis reditus, qui optime fundatus est, ut praedictum duplex perpetuis temporibus solemnissime celebretur, propter multa quae accepi a

Certaines clauses de ce testament nous reportent aux premières. années de COLVENEERE. Aux religieuses de Saint-Norbert établies au hameau de Gempe, près Louvain, son pays natal, il lègue la

praedicto patrono meo beneficia. In fine vero laudum dicatur psalmus de profundis, cum versu et collecta de sacerdote defuncto. Item lego eidem ecclesiae reditum Marchianis hypothecatum super bonis Arnoldi Descaillon, sex florenorum et quinque scutiferorum pro dicenda solemni missa quotannis in festo Septem Dolorum Beatissimae Mariae Virginis, pro confraternitate, quam in eadem ecclesia erigi curavi. Tribus filiabus quas de sacro fonte suscepi, videlicet Maria filia Henrici Hulhegem Ultrajectensis, sartoris olim apud seminarium regium ; Barbara, filia Guillelmi Dumont, et filia Henrici Urselinx ; item filio Antonii Blary, duplicem singulis ducatum in specie, dummodo supervivant. Lego item duabus virginibus, Joanna Leinglein et Martha Cousteau, habitantibus Duaci, quoad vixerint, singulis reditum annuum quinquaginta florenorum, et trium raseriarum tritici bovigni ; reditus, post earum mortem, ad fundationem meam, de qua infra, redibit.

Quod vero attinet ad bona immobilia, quae ex haereditate paterna mihi obvenerunt in Weighem, pago inter Lovanium et Dielftenium, ex donatione inter vivos donavi ecclesiae S. Georgii in qua fui baptisatus, ea scilicet conditione ut pastori dent quotannis congruam portionem ad celebrandum anniversarium pro anima mea ac consanguineorum meorum, et aliam pecuniae summam ad reditum collocandam pastori ejusdem loci tradidi.

Hospitali Alostensi a multis annis numeravi ac dedi pecuniam pro creando reditu triginta sex florenorum, ut capuli seu loculi fiant pro iis qui in dicto hospitali moriuntur. Et abhinc sedecim annis nepti meae Elisabethae de Ghondt, ducentos circiter florenos numeravi ac dedi pro antipendio altaris : quibus ego hoc testamento meo adjicio pixidem meam ex rubro holoserico cum quinque bursis seri pallis altaris, quorum unum constitit triginta florenis. Calicem meum deauratum, qui constitit centum et decem florenis, relinquo et do capellae fundationis meae, una cum aliis ornamentis, casulis scilicet et albis, etc., quae ad celebrandam missam conducunt, et de quibus per hoc testamentum meum non disposui. Lego praeterea monasterio virginum ordinis Sancti Norberti in Gempo, ultra Lovanium, quinquaginta florenos semel.

De reliquis bonis mobilibus sive immobilibus a Deo acceptis, volo erigi fundamenta collegii de Propaganda Fide, quae totius salutis nostrae basis ac fundamentum est, in quo (si media permittant) erunt tres sacrae theologiae doctores vel licentiati, quorum primus erit praeses, peritus linguae teutonicae, qui, partitis inter se negociis et officiis, alumnos domesticos doceant controversias fidei et casus conscientiae, faciantque philosophicas repetitiones; et hisce exercitiis non tantum bursarii proficiant, sed et ipse praeses et duo alii doctores aut licenciati jam dicti sese praeparent ad lectiones theologicas publicas Universitatis. Porro bursarii erunt sacrae theologiae studiosi, quorum tres praesentabuntur a R. Pastore et duobus primis scabinis civitatis Alostensis. Provisores autem collegii et collatores

somme de cinquante florins. Ce hameau dépendait
de la paroisse de Winghe ; à l'église de ce village,
qui était dédiée à saint Georges et dans laquelle il
avait été baptisé, le chancelier de l'Université donne

erunt duo professores primarii sacrae facultatis Theologicae secu-
lares sacerdotes ; qui si deessent, eo casu collatores ac provisores
constituo Decanum utriusque ecclesiae collegiatae S. Petri et S.
Amati. Caeteri vero bursarii assumentur ex Hollandia, Brabantia,
Flandria, Gueldria, Clevia, Julia, Zuytphania, Ultrajecto et locis
vicinis ; nullique ad bursas vel etiam ad praesidentiam promove-
buntur, nisi linguae teutonicae bene periti et ex dictis provinciis
nati, praeferenturque semper illi qui maxime videbuntur idonei ad
fidem in praedictis partibus propagandam. Hi promittent in ingressu,
quod postquam quadriennium in theologia expletum, ad munus illud
sese accingent, et a provisoribus missi eo sese conferre tenebuntur,
vel refundere sumptus, quos in hoc collegio fecerint. Statuta et leges
condentur à provisoribus, qui eas desumere poterunt ex statutis
seminarii Regii et Hainniani Duaci, sicut etiam ex statutis collegii
Hollandici quod est Lovanii.

Insuper collegio huic de propaganda fide, cujus fundamenta per
hoc meum testamentum jacere constituo, lego totam bibliothecam,
quae mihi constitit multis florenorum millibus, eamque volo exac-
tissime conservari, et fieri cathalogum omnium librorum per facultates,
quemadmodum tituli in Bibliotheca affixi ostendunt et etiam quoque
cathalogum ordine alphabetico, quo viris doctis totius academiae et
aliis prodesse possint, iisque communicari libri rariores, accepta
tamen ab iis scheda qua intra certum tempus se relaturos promittant.

Praeterea Domno Georgio Galopino Religioso Sancti Gisleni lego
picturam S. Georgii, una cum baculo meo arundineo, et Annae.....
(en blanc) famulae eximii domini Sylvii lego viginti florenos semel,
totidemque etiam semel Monicae Rascu famulae domini canonici
Cospin. Item Joannae Briet primariae ancillae collegii Hainniani
quinquaginta florenos semel et Isabellae........ viginti quinque
florenos semel ; nostro Petro Dupuis sex florenos ; Aegidio Lesaulx
totidem semel.

Haec est ultima mea et suprema voluntas per quam proinde revoco
et annihilo omnia alia testamenta à me facta, voloque hoc praesens
testamentum esse omnino ratum et firmum. Et si clausulae aliquae
forent ad legitimum testamentum requisitae, quae quidem hic deessent,
eas habeo tanquam hic expressas. Quinimo si aliquae regiae ordina-
tiones legationi huic de bonis immobilibus obstarent, nec eorum
amortisatio (ut aiunt) obtineri posset, quod tamen non existimo cum
sit in publicum patriae bonum, eo nihilominus casu, poterunt com-
modo tempore in alia bona aliamque dotem mutari.

Denique executores hujus mei testamenti nomino duos sacrae
Theologiae primarios professores, quos simpliciter rogo, ut dignentur
suscipere, singulis pro honorario triginta florenis assignatis. Ubi vero
contingeret quod unus ex duobus qui nunc mecum sunt ex hac vita
decederet, in defuncti locum eligo et succedere volo eximium
D. M. N. Martinum Denys, S. Theologiae professorem, ut ipse tota
vita provisor sit et executor hujus meae fundationis, cum alio

tous les biens provenant de la succession de son père.

Il n'avait jamais oublié la ville d'Alost; déjà plusieurs fois il avait fait des dons importants à

superstite ex duobus primariis S. Theologiae doctoribus ac professoribus, nunc viventibus. Sic demum ut eo quoque defuncto succedat primarius Theologiae professor qui tunc erit, manente cum eo supradicto D. Denys provisore et executore. Tandemque his quoque duobus mortuis, perpetuis futuris temporibus, provisores hujus meae fundationis erunt duo primarii professores sacrae Theologiae, saeculares sacerdotes, juxta ea quae supra dixi de provisoribus et collatoribus. Quamdiu autem dictus dominus Denys provisor erit et executor, simul quoque erit bursarum mearum collator. Hisce porro executoribus meis supradictis relinquo liberam potestatem, ut pro discretione sua reservent ex mobilibus meis ea quae fundationi meae conducere judicabunt. Caetera vero privatim vendant, ut pretium dictae meae fundationi applicent. Nec enim publicam subhastationem ant inventarium fieri volo de mobilibus meis; sed sufficit mihi quod dicti domini executores testamenti mei de administratione sua computum sint reddituri Deo optimo maximo. Unde nec alium computum ab iis requiro.

Haec signavi hac 15 aprilis anno salutis nostrae millesimo sexcentesimo quadragesimo septimo. Georgius Colvenerius.

Comparant par devant les notaires d'Arthois et auditeurs royaulx soubsignés, monsieur maistre George Colvenaire, docteur et premier professeur en la sacrée Théologie en cette ville de Douai, chanoine et prevost de l'église collégiale de Saint-Pierre en icelle ville et chancelier de ladite Université, at déclairé et déclaire par ces présentes que le contenu en l'escript cy-dessus de luy signé, contenant quatre foeuilletz et demy et quelques lines, est son testament et ordonnance de dernière volonté, voulant et ordonnant qu'il sort son plain et enthier effect, entendant qu'au moyen du legat faict pour une fois par son dict testament cy-devant à Jeanne Briet, qu'elle se debvra contenter pour tous légats et donations sans qu'elle se puisse prévaloir de la signature dudit sieur comparant apposée au pied de certaine requeste à luy par elle présentée en datte du dixiesme de novembre de l'an XVIe quarante et six, faisant mention de cinquante florins par an à recevoir de Jean Lespagnol, laquelle il at révocqué et révocque par ces présentes. Sy veut et ordonne que toutes les donations particulières qu'il a faict par son dit testament soient révoquées, ne soit que les donataires soient vivants au jour de son trépas. Sy at révocqué et révocque toutes autres donations qu'il a faict en dehors de son dit testament. Ainsy faict et passé à Douay pardevant les susdicts notaires et auditeurs, ce quinziesme d'apvril XVIe quarante et sept, en présence de M. François Brodou presbtre et prieur des bacheliers en la sacrée théologie, et Jacques Fournier, aussy presbtre et bachelier en ladite faculté, témoings à ce appelez, et interpellez sils savent lire et escrire, ont répondu qu'ouy; parcillement soubsignés avecq ledit sieur testateur. Georgius Colvenerius. François Brodou, presbtre. Jacobus Fournier, presbtre. — Dervillers et Bacquet.

l'hospice de cette ville, où sa nièce, Élisabeth de Ghondt, se dévouait au soin des malades : il lui lègue encore par son testament des ornements sacerdotaux, des parures pour l'autel et un calice d'argent doré ; un revenu annuel de trente-six florins est consacré à donner des cercueils aux pauvres qui mourront dans cet asile de la charité. Il y avait plus de 60 ans que ce vieillard octogénaire avait quitté Gempe et Alost ; et il pensait encore à son hameau, à son église, aux lieux où s'était écoulée sa jeunesse, et même aux pauvres qui souffraient, qui mouraient dans sa contrée natale.

L'on sait avec quelle ferveur, dans les siècles de foi, les fidèles vénéraient le saint qui leur avait été donné pour protecteur spécial au jour de leur baptême ; nous en trouvons une nouvelle preuve dans le testament du professeur de Douai. Il fonde à perpétuité, dans la collégiale Saint-Pierre, une fête double qui sera célébrée très solennellement en l'honneur de saint Georges, à cause, dit-il, des faveurs nombreuses qu'il a reçues de lui. Il possédait chez lui une peinture représentant ce saint ; il la lègue à Georges Galopin, savant moine du couvent de Saint-Ghislain. C'est encore à cet ami, qui avait, comme lui, édité plusieurs ouvrages d'après les manuscrits de la Flandre et du Hainaut, qu'il laisse le bâton de roseau, soutien de sa vieillesse. Plusieurs autres legs montrent que COLVENEERE n'oublie ni les domestiques qui l'ont servi, ni ses amis, les chanoines Cospin et Sylvius, ni ceux du collège de Hennin dont il avait été le président durant tant d'années.

Ailleurs, c'est le prêtre qui se révèle avec son caractère, ses œuvres et sa piété. La première clause du testament de Colveneere est celle par laquelle il demande à être enterré dans la collégiale de Saint-Pierre, près de l'endroit où il a entendu les confessions pendant cinquante-et-un ans, parce que le prêtre, dit-il, doit reposer non loin de l'autel où il célébrait le saint sacrifice de la messe.

Quant à ses obsèques, le chancelier de l'Université demande qu'elles soient convenables ; et, protestant contre une triste coutume longtemps en usage dans les Pays-Bas, il défend que le service funèbre soit suivi d'un repas ; l'on ne donnera aux invités que du pain et du vin, et aux pauvres seront distribuées douze razières de blé. Tous les prêtres qui voudront bien, le jour de l'enterrement, célébrer la sainte messe pour le repos de l'âme du défunt, recevront six sous ; pendant trente jours l'on dira une messe à la même intention. Le chanoine de Saint-Pierre fonde dans cette collégiale une messe annuelle en l'honneur de Notre-Dame des Sept Douleurs, pour la Confrérie qu'il y avait fait établir : cette clause nous rappelle que Colveneere avait publié un ouvrage sur l'origine et les développements de cette dévotion; les écrits et les œuvres, le cœur et l'esprit étaient d'accord dans sa vie et dans ses travaux ; il n'oubliait pas qu'il était prêtre.

Il n'oubliait pas davantage qu'il était professeur ; il l'a prouvé par l'établissement du séminaire de la Foi. Nous traduisons ce passage qui est curieux et important pour l'histoire de Douai et de son Université :

« Je veux que tous les autres biens meubles et immeubles que j'ai reçus de Dieu, soient consacrés à jeter les fondements d'un collège érigé pour propager la Foi, cette base de notre salut. Dans ce collège (si les ressources le permettent) habiteront trois docteurs ou licenciés en théologie, dont le premier, qui aura le titre de président, devra être versé dans la connaissance. de l'une des langues tudesques. Ils se partageront entre eux le devoir et le soin de former les élèves à la discussion des questions de controverse et des cas de conscience, en leur faisant en même temps un cours de philosophie. Et ces exercices seront utiles non seulement aux boursiers du collège, mais encore au président et aux deux autres docteurs, qui se prépareront ainsi à professer dans les chaires de l'Université.

Quant aux boursiers, ils devront se destiner à l'étude de la théologie ; le curé et les deux premiers échevins d'Alost pourront en présenter trois. Les deux administrateurs seront deux prêtres séculiers, choisis parmi les professeurs primaires de la Faculté de théologie ; si l'on n'en trouvait pas, ces fonctions appartiendraient aux doyens des chapitres de Saint-Pierre et de Saint-Amé.

. Les autres boursiers seront choisis dans la Hollande, le Brabant, la Flandre, les comtés de Gueldre de Clèves, de Juliers, de Zutphen, de Trèves et autres pays voisins ; l'on n'admettra aux bourses et à la présidence que des sujets versés dans la connaissance de l'une des langues tudesques et nés dans les provinces ci-dessus désignées ; et l'on préférera toujours ceux qui paraîtront les plus propres à propager la Foi dans ces contrées. En entrant dans le collège, les boursiers promettront qu'après avoir étudié la théologie pendant quatre ans, ils se dévoueront à ce ministère ; et ils seront tenus de se rendre dans les localités que leur désigneront les administrateurs ou de restituer les frais qu'ils auront faits dans le collège. Les règlements et les statuts seront donnés par les administrateurs ; ceux-ci pourront les établir d'après ceux des séminaires du Roi et de Hennin, ou du collège hollandais de Louvain. »

Ces dispositions montrent nettement le but de la fondation de COLVENEERE ; il voulait donner aux Pays-Bas et aux provinces rhénanes des prêtres instruits qui pussent combattre les erreurs répandues par le protestantime. Il établissait à Douai, dans l'intérêt de ces contrées, ce qu'Allen y avait établi pour l'Angleterre.

Dans le paragraphe suivant, nous retrouvons encore le professeur : « A ce collège, que j'ai fondé pour propager la Foi, je lègue en plus toute ma bibliothèque qui m'a coûté un grand nombre de milliers de florins ; je veux qu'elle soit conservée avec le plus grand soin, que l'on en fasse un catalogue par ordre de matières, d'après les titres et les inscriptions placées dans ma bibliothèque, et aussi un catalogue par ordre alphabétique ; par ce moyen, mes livres pourront être utiles aux savants de l'Université et autres érudits ; les travailleurs pourront même emporter chez eux les ouvrages les plus rares, mais après avoir donné un reçu dans lequel ils s'engageront à les rapporter à une époque déterminée. »

Il est inutile de faire remarquer tout ce qu'il y a de libéral et en même temps de méthodique, dans les mesures prises par COLVENEERE relativement à ses livres ; il faisait de sa bibliothèque, qui était l'une des plus riches et des plus nombreuses de la contrée, une véritable bibliothèque publique. C'est sans doute grâce à cette clause que la bibliothèque de Douai possède, aujourd'hui, un assez grand nombre de manuscrits et d'ouvrages imprimés, qui ont appartenu à Colveneere ; du séminaire de la Foi, ils auront été apportés dans le dépôt communal.

Colveneere vécut encore plus d'une année, après la rédaction de son admirable testament. Il mourut pieusement, chargé de jours et de bonnes œuvres, le 29 mai 1649. Selon son désir, il fut inhumé dans l'église collégiale de Saint-Pierre. Une plaque de marbre rappela son souvenir en ces termes :

Sub hoc marmore quiescit
Ex. D. M. N.
Georgius Colvener
Alostanus, S. T. D.
Et per annos 50 professor ;
Hujus ecclesiae praepositus
Simulque Universitatis Cancellarius
Annis 36 ; Seminarii Henniniani primus
Et usque ad mortem praeses ;
Pietatis, doctrinae, modestiae ac
Beneficentiae vere speculum et exemplar.
Decessit ex hac vita
Plenus dierum ac bonorum operum,
Cum in hac ecclesia fundasset
Duplex patroni,
Et reliqua fere bona
Testamento legasset
Erectioni Seminarii
Ad propagandam Fidem.
Obiit 29 maii, aetatis 88,
Anno Salutis M. D. C. XLIX.

Le jour même, Théodore Van Couverden et Martin Denys, exécuteurs testamentaires de Colveneere, se présentèrent devant le recteur magnifique de

l'Université et « emprirent » le testament en s'enga-
geant à l'exécuter (1).

Qu'advint-il de la fondation de COLVENEERE ? Le
professeur de théologie, Théodore Van Couverden,
légua aussi une somme importante dans le même
but ; ce ne fut que cinq ans après la mort de ce
dernier, en 1662, que les boursiers furent réunis ; on
les plaça provisoirement dans le séminaire du Roi.
Le 23 novembre 1686 (2), on exposait en vente, par
adjudication publique, l'ancienne « Maison des
Œuvres » ou des « Six - Hommes », dans la rue du
Clocher Saint-Nicolas, actuellement rue de la
Comédie ; les proviseurs de la fondation de
COLVENEERE s'en rendirent acquéreurs, moyennant la
somme de seize mille florins et y établirent le
Séminaire de la Foi (3), qui l'occupa jusqu'en 1744.
Un décret du conseil du 26 février de cette même
année réunit cette fondation de COLVENEERE à celle
de son ancien collègue Mathias BOSSEMIUS, qui,
en 1599, avait institué un collège ou séminaire sous
le vocable de Notre-Dame de la Foi (4). En 1775,

(1) Ce XXIX de may XVIe quarante neuf, comparans pardevant
monsieur le magnifique recteur de ceste Université de Douay,
messieurs maistres Théodore Van Couverden et M. Martin Denys........
presbtres, docteurs et professeurs en la saincte et sacrée Théologie,
exécuteurs denommez en ce présent testament, ont iceluy emprins et
respectueusement promis par leur serment presté ès mains de mondit
sieur le Recteur, de mettre à exécution deüe ledit testament selon sa
forme et teneure et de ce duement s'en acquitter, et en tout se
conformer à la volonté du défunct, et ce soubz l'obligation de leurs
biens, le tout *in forma*. Ainsy fait, emprins et passé les jour et an que
dessus et en présence ainsy que dessus. — Theodorus Van Couverden,
S. Th. doctor. — Martinus Denys. — Par ordonnance et pour
l'absence du notaire, G. Warnier, advocat fiscal.

(2) Et non en 1683, comme l'a dit Mgr Dehaisnes.

(3) *Archives de Douai,* DD 7.

(4) En 1599 fut installé à Douay le séminaire de Notre-Dame
de la Foy. Il eut pour fondateur Mathias Bossemius, né à Amsterdam,
en 1527, prévôt de Saint-Amé et professeur royal en théologie. A sa
mort, le 4 février 1599, Bossemius laissa tous ses biens afin de doter

ce double établissement fut transféré dans l'ancien
collège de Saint-Thomas, rue Morel (1), où il fonc-
tionnait encore en 1790 (2). A cette époque, le
président de ce collège ou séminaire recevait 625
livres d'appointements, et le préfet, 300 livres ; les
proviseurs étaient les deux professeurs primaires de
théologie. La maison comptait cinquante écoliers,
tant théologiens que philosophes ; elle pouvait en
recevoir 67. Ses revenus comprenaient environ
13.000 livres des fondations de Bossemius, de
COLVENEERE et de Van Couverden et environ
3.500 livres des fondations de Nybelen, de Lapréelle,
de Desgardins, de Lemaire, de Braeme et d'Amand,
qui y étaient annexées. La fondation de Van
Couverden entrait pour la moitié dans les
frais de reconstruction et de réparations des
bâtiments, et dans les honoraires du président
et du préfet ; celles de COLVENEERE et de Bossemius
y entraient chacune pour un quart. Les bourses
de la fondation de Bossemins se donnaient au concours ; celles de Desgardins étaient conférées par les
parents de la fondatrice ; la bourse de Lemaire se
donnait à un parent ou à un compatriote des fon-
dateurs, natif de Nuncq, aux environs de Frévent
en Artois ; les revenus de la fondation de Braeme

ce séminaire ou collège à l'imitation de celui de Standock à Louvain.
Il avait, de son vivant, acheté, rue des Chapelets, du côté Nord, une
maison où le nouveau séminaire fut bientôt installé. Les écoliers
admis dans cet établissement portaient un casaquin de couleur
tannée, serré par une ceinture, et une espèce de bonnet noir nommé
ablot (Tailliar, *Chroniques de Douai*, t. II. p. 210.)

(1) Tailliar, *Chroniques de Douai*, t. II, p. 210.

(2) Dans le *Testament de Colveneere*, Mgr Dehaisnes dit que la
fondation de Colveneere subsista jusqu'à la fin du siècle dernier dans
l'ancienne Maison des Œuvres. Le savant prélat n'a connu que plus
tard le fait de la réunion de cette fondation à celle de Bossemius,
qu'il mentionne dans *L'Université de Douai en 1790*, p. 15 (*Mémoires
de la Société de Douai*, 2ᵉ série, t. VIII).

étaient employés en bourses pour des étudiants en philosophie qui avaient fait leurs humanités à Lille; les bourses de la fondation d'Amand se donnaient à ses parents, à ses compatriotes de Dinant-sur-Meuse ou aux enfants de Douai; trois des bourses de la fondation de COLVENEERE se donnaient par les curé, bourgmestre et échevins d'Alost à des théologiens de leur pays; les autres à des étudiants en théologie, nés dans la Flandre, le Brabant, la Hollande, la Gueldre, les pays de Clèves, Juliers, Zutphen, Utrecht et les provinces voisines où l'on parle flamand. On voit que les intentions du généreux fondateur étaient, encore à cette époque, scrupuleusement observées. On pouvait jouir des bourses de Van Couverden, depuis le commencement de la philosophie jusqu'à la fin de la théologie; les étudiants du duché de Clèves, compatriotes du fondateur, y étaient appelés de préférence; à leur défaut, elles étaient données à ceux des pays de Gueldre, de Hollande, d'Utrecht, de Frise, de Zélande, de Juliers et de Westphalie. Les bourses de Nybelen étaient attribuées, à défaut de parents, aux étudiants du comté de Walkemberg, près de Maestricht. Enfin celles de la fondation de La Préelle étaient données à deux étudiants en théologie (1). La révolution a passé sur tout cela; les monuments et les fondations qui semblaient devoir conserver à jamais le nom de Georges COLVENEERE n'existent plus aujourd'hui. L'Université et les collèges, dans lesquels il avait professé, ont été fermés, pour ne

(1) Mgr Dehaisnes, *L'Université de Douai en 1790. Lettres et mémoire de M. Placide de Bailliencourt, publiés, avec d'autres documents inédits*, p. 20, 23, 32, 35, 39, 43 et 44, dans les *Mémoires de la Société impériale d'agriculture, de sciences et d'art séant à Douai*, 2ᵉ série, t. VIII, 1866.

plus se rouvrir, en 1793 ; sur l'emplacement du
séminaire qu'il avait fait construire s'élève la salle
de spectacle ; l'on ne chante plus, dans l'église Saint-
Pierre, les offices qu'il avait fondés à perpétuité ; et
la pierre sépulcrale, sur laquelle ses contemporains
avaient gravé son nom et son éloge, a été brisée
avec l'autel qui devait la protéger. Mais néanmoins,
Georges COLVENEERE a tant fait pour la ville de
Douai, pour son Université encore naissante, et pour
l'honneur des lettres et de l'érudition, que sa mémoire ne pourra jamais être complètement perdue
dans cette cité.

LILLE. — IMP. H. MOREL, 77, RUE NATIONALE.

REVUE DES SCIENCES ECCLÉSIASTIQUES

PUBLIÉE PAR

DES PROFESSEURS DE L'UNIVERSITÉ CATHOLIQUE DE LILLE

Honorée d'un Bref Pontifical et de nombreuses approbations épiscopales

(Trente-neuvième année)

La REVUE DES SCIENCES ECCLÉSIASTIQUES *a été fondée en 1860 par M. Bouix, restaurateur du droit canonique en France. Dès la première heure, d'éminents collaborateurs s'empressèrent de coopérer avec lui à la défense et à la propagation des enseignements pontificaux. Citons, entre autres, M. l'abbé Hautcœur, chancelier actuel de l'Université* catholique *de Lille, MM. Belet, Davin, Dehaisnes, Destombes, Grandclaude, Gilly, Jacquenet, le R. P. Matignon, le D*r* Nilles, etc.*

Depuis lors, la REVUE *n'a jamais oublié sa devise:* Ubi Petrus, ibi Ecclesia. *Elle a vaillamment, mais prudemment, lutté pour la défense de l'Église et de ses droits, de la Bible et de son autorité divine et humaine, de la science sacrée dans son domaine immense. Elle fait donc profession d'un dévoûment absolu aux directions du Saint-Siège,* publie et commente *les documents émanant de la Chaire de Pierre ou des Congrégations romaines. Elle a eu l'honneur d'être récompensée de sa fidélité par un Bref pontifical et par les encouragements de l'épiscopat français et étranger.*

Pendant les trente-huit années de son existence, elle a été le guide et le porte-voix de la théologie en France; elle ne s'est point départie de son caractère strictement scientifique, ce qui lui valait récemment cet éloge: « *Toutes les revues ecclésiastiques, à l'exception de la* REVUE DES SCIENCES ECCLÉSIASTIQUES *de Lille, sont mixtes; on y parle un peu de tout, même de théologie, soit dit sans contester leur mérite et leurs services moins encore, qui, chez quelques-unes, sont très grands.* » (R. P. Al, Univers, *19 nov. 1894*).

Amie du progrès, elle y participe par des études techniques de tout genre: « *La théologie, a dit Pascal, est une science, mais en même temps combien est-ce de sciences!* » *L'énumération des collaborateurs de la* REVUE *et la table des principaux articles parus en ces dernières années, montrent d'une manière concrète comment la théorie et la pratique occupent dans ces études la place qui leur convient, — pourquoi l'influence de cet enseignement écrit continue de s'accroître en se diversifiant, — et jusqu'à quel point il est juste d'appeler la collection des* SOIXANTE-DIX-SEPT *volumes de la* REVUE *une véritable* ENCYCLOPÉDIE DES SCIENCES THÉOLOGIQUES.